Weißstorch

Schleiereule

Sumpfohreule

Bienenfresser

Höckerschwan

Kohlmeise

Weitere Informationen zum Kinder- und Jugendbuchprogramm der S. Fischer Verlage finden sich auf www.fischerverlage.de

Erschienen bei Fischer Sauerländer
Titel der Originalausgabe: Le Livre aux Oiseaux
© Éditions Belin / Humensis 2017
Übersetzung aus dem Französischen: Cornelia Panzacchi

Für die deutschsprachige Ausgabe:
© 2018 S. Fischer Verlag GmbH, Hedderichstr. 114, D-60596 Frankfurt am Main

Alle Rechte vorbehalten
Grafische Gestaltung: Stéphanie Boulay
Umschlaggestaltung: Maria Seidel, atelier-seidel.de
Layout und Satz: Tanja Haaf
Druck und Bindung: Firmengruppe Appl, aprinta druck GmbH, Wemding

Printed in Germany

ISBN 978-3-7373-7206-0

Nathalie Tordjman

DAS GROSSE BUCH DER VÖGEL

Judith Gueyfier & Julien Norwood

FISCHER Meyers Kinderbuch

WAS IST EIN VOGEL?

Vogelkörper 10
Die Vögel und du: Wie man Vögel beobachtet

Schnabel 12
Mit der Lupe: Schnabelformen

Füße 14
Mit der Lupe: Fußformen und Fußabdrücke

Federn 16
Mit der Lupe: Erkenne die Federn!

Stimmen 18
Die Vögel und du: Höre den Vögeln beim Singen zu!

Vogelwissen: Schlau wie ein Vogel 20

Vögel beobachten: Jede Art sieht anders aus! 22

WIE BEWEGEN SICH VÖGEL FORT?

Fliegen 26
Mit der Lupe: Jeder fliegt auf seine Art

Laufen 28
Mit der Lupe: Jeder klettert auf seine Art

Schwimmen 30
Quiz: Tauch-Champions

Vogelwissen: Wohin fliegen die Zugvögel? 32

Vögel beobachten: Überall sind Vögel! 34

WAS FRESSEN VÖGEL?

Die Vegetarier 38
Die Vögel und du: Winterfütterung

Die Jäger 40
Mit der Lupe: Eulen und Greifvögel

Die Fischer 42
Mit der Lupe: Schlaue Tricks

Vogelwissen: Ein Vogeltag 44

Vögel beobachten: Guten Appetit! 46

WIE SCHLÜPFEN KÜKEN?

Balz 50
Quiz: Die schönsten Liebesgeschichten

Nestbau 52
Die Vögel und du: Nistkästen aufhängen

Eiablage 54
Mit der Lupe: Wer schlüpft aus dem Ei?

Vogelwissen: Die ersten Tage eines Kükens 56

Vögel beobachten: Vogelfamilien 58

WO LEBEN VÖGEL?

In Städten und Dörfern 62
Auf dem Land 64
In den Wäldern 66
In den Bergen 68
In der Nähe von Seen, Teichen und Sümpfen 70
An der Meeresküste 72
In aller Welt 74

Auflösungen (Quiz) 76
Register 77

WAS IST EIN VOGEL?

VOGELKÖRPER

Weißt du, wie man Vogelarten bestimmt?

WICHTIGE ANHALTSPUNKTE

* Vögel fliegen. Allerdings nicht alle: Der Strauß kann nicht fliegen.
* Vögel bauen Nester – Eichhörnchen aber auch!
* Vögel legen Eier – Fische ebenso!
* Vögel haben einen Schnabel aus Horn – wie die Schildkröten!
* Bei allen Vögeln ist der Körper von Federn bedeckt: Dieses Merkmal unterscheidet Vögel von allen anderen Tieren!

DIE KÖRPERTEILE

Spatz (Haussperling)

Erstaunliche Vorfahren

Auch unter den Dinosauriern gab es Arten mit Federn: die Theropoden, überwiegend auf zwei Beinen laufende Fleischfresser. Ihr Gefieder wärmte sie, schützte sie vor Regen, tarnte sie, half ihnen, einen Partner zu finden und ermöglichte einigen von ihnen sogar, zu fliegen. Unsere heutigen Vögel stammen von ihnen ab!

Zoologen teilen die Vögel in verschiedene Gruppen ein. Alle Arten einer Gruppe haben Gemeinsamkeiten.

Sie gehören unterschiedlichen Gruppen an.

Sie gehören zur Gruppe der Sperlingsvögel.

Manche Vogelarten ähneln einander, obwohl sie nicht derselben Gruppe angehören.

Der Kranich gehört zur selben Gruppe wie die Wasserralle, obwohl er dem Schwarzstorch ähnelt.

Die Vögel und du
Wie man Vögel beobachtet

GRÖSSENVERGLEICH

Lege ein Heft an, in dem du deine Beobachtungen notierst. Vergleiche die Größe des beobachteten Vogels mit der eines Vogels, den du kennst: Ist der unbekannte Vogel größer oder kleiner als ein Sperling, eine Taube, eine Krähe?

Körperlänge
Haussperling
15 cm

Körperlänge
Straßentaube
30 cm

Körperlänge
Krähe
45 cm

BETRACHTE DIE KÖRPERFORM

Ist der Schnabel lang oder kurz, dick oder schmal?

Ist der Körper rundlich?

Sind die Beine lang?

BEOBACHTE SEIN VERHALTEN

Vögel haben bestimmte Gewohnheiten.

Die Bachstelze wippt beim Laufen mit dem Schwanz.

Der Grauschnäpper sitzt beinahe reglos.

SCHNABEL

Gerade oder gekrümmt, schmal oder löffelförmig ...
Die Schnabelform ist an die Ernährungsweise angepasst.

WAS IST EIN SCHNABEL?

Der Schnabel bedeckt die Knochen von Ober- und Unterkiefer. Er besteht aus Horn und wächst beständig, wie unsere Fingernägel. Beim Fressen nutzt er sich ab, doch seine Ränder bleiben immer scharf.

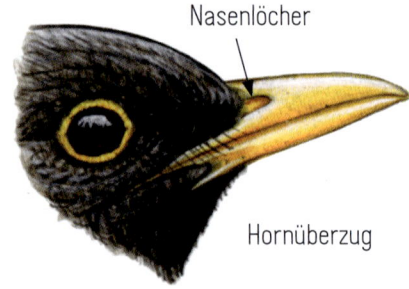

Nasenlöcher

Hornüberzug

Der Schnabel einer Amsel

WOZU DIENT DER SCHNABEL?

Vögel können mit ihrem Schnabel
* ihr Futter aufnehmen und zerteilen,
* das Futter für die Jungen herbeiholen,
* das Gefieder putzen,
* ein Nest bauen,
* Beute töten und Feinde angreifen.

Mit der Lupe

Schnabelformen

Bei manchen Vögeln ändert der Schnabel im Laufe des Lebens seine Farbe.

Bei jungen Silbermöwen ist er dunkelbraun.

Bei der erwachsenen Silbermöwe ist er gelb mit orangerotem Fleck.

Bei anderen Arten verändert der Schnabel seine Farbe mit den Jahreszeiten.

Der Schnabel des Papageitauchers ist im Sommer bunter.

Im Herbst ist sein Schnabel dunkler.

Körnerfresser haben einen dicken, kegelförmigen Schnabel, wie der Kernbeißer.

Vögel, die von Nadelbaumsamen leben, haben gekreuzte Schnabelspitzen, wie der Fichtenkreuzschnabel.

Grasfresser haben einen abgeflachten Schnabel, wie die Stockente.

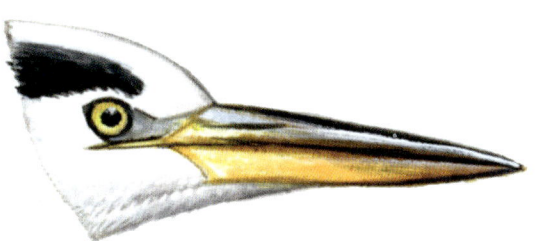

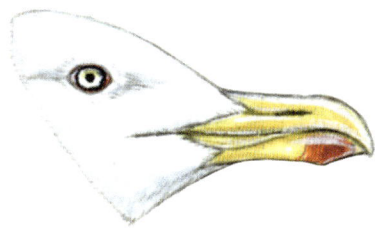

Fischfresser haben einen langen, spitzen Schnabel, wie der Graureiher.

Fleischfresser haben einen gekrümmten Schnabel, wie der Wanderfalke.

Allesfresser haben einen großen Schnabel, wie die Silbermöwe.

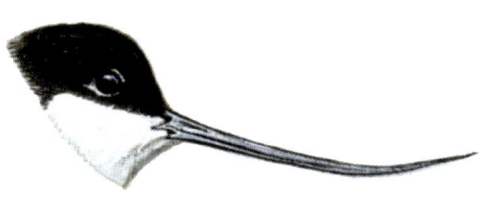

Insektenfresser haben einen schmalen Schnabel, wie das Blaukehlchen.

Vögel, die Nahrung aus Wasser filtern, haben mitunter einen säbelförmigen Schnabel, wie der Säbelschnäbler.

Vögel, die Nahrung aus Wasser filtern, können auch einen nach unten gebogenen Schnabel haben, wie der Rosaflamingo.

FÜSSE

Vögel stehen auf ihren hinteren Gliedmaßen und laufen auf den vorderen Zehengliedern.

ZWEI HINTERBEINE

Die Beine geben dem Vogel Abstand vom Boden, sodass er mit den Flügeln schlagen kann, um aufzufliegen. Vögel mit sehr kurzen oder schwachen Beinen fliegen von erhöhten Punkten aus los.

Bein einer Amsel

Manche Knochen entsprechen denen deines Beins!

Der Oberschenkelknochen, wie bei uns.

Das Schienbein, wie unter unserem Knie.

Ein Mittelfußknochen, wie in unserem Fuß.

Fußwurzelknochen, wie in unseren Zehen.

ACHT ZEHEN

Fast alle Vögel haben vier Zehen. Diese sind von einer farbigen, schuppigen Haut überzogen, die an Dinosaurierhaut erinnert. An jedem Zeh ist eine kurze oder lange Kralle. Es gibt auch Vögel, die nur drei Zehen haben, wie zum Beispiel die Dreizehenmöwe.

 Mit der Lupe

Fußformen und Fußabdrücke

Größe und Form der Füße sind an die Lebensweise jeder Art angepasst.

Lauffüße, wie die der Lerche

Eine Zehe weist nach hinten.

Drei Zehen sind nach vorne gerichtet.

Schwimmfüße, wie die des Basstölpels

Füße mit Schwimmlappen, wie die des Blesshuhns, ermöglichen das Schwimmen und Laufen im Wasser.

Fuß mit Schwimmhäuten

Fuß mit Schwimmlappen

Füße zum Klettern, wie die des Buntspechts

Oder zum Packen der Beute, wie beim Steinadler

Zwei Zehen nach vorne

Zwei Zehen nach hinten

Krallen

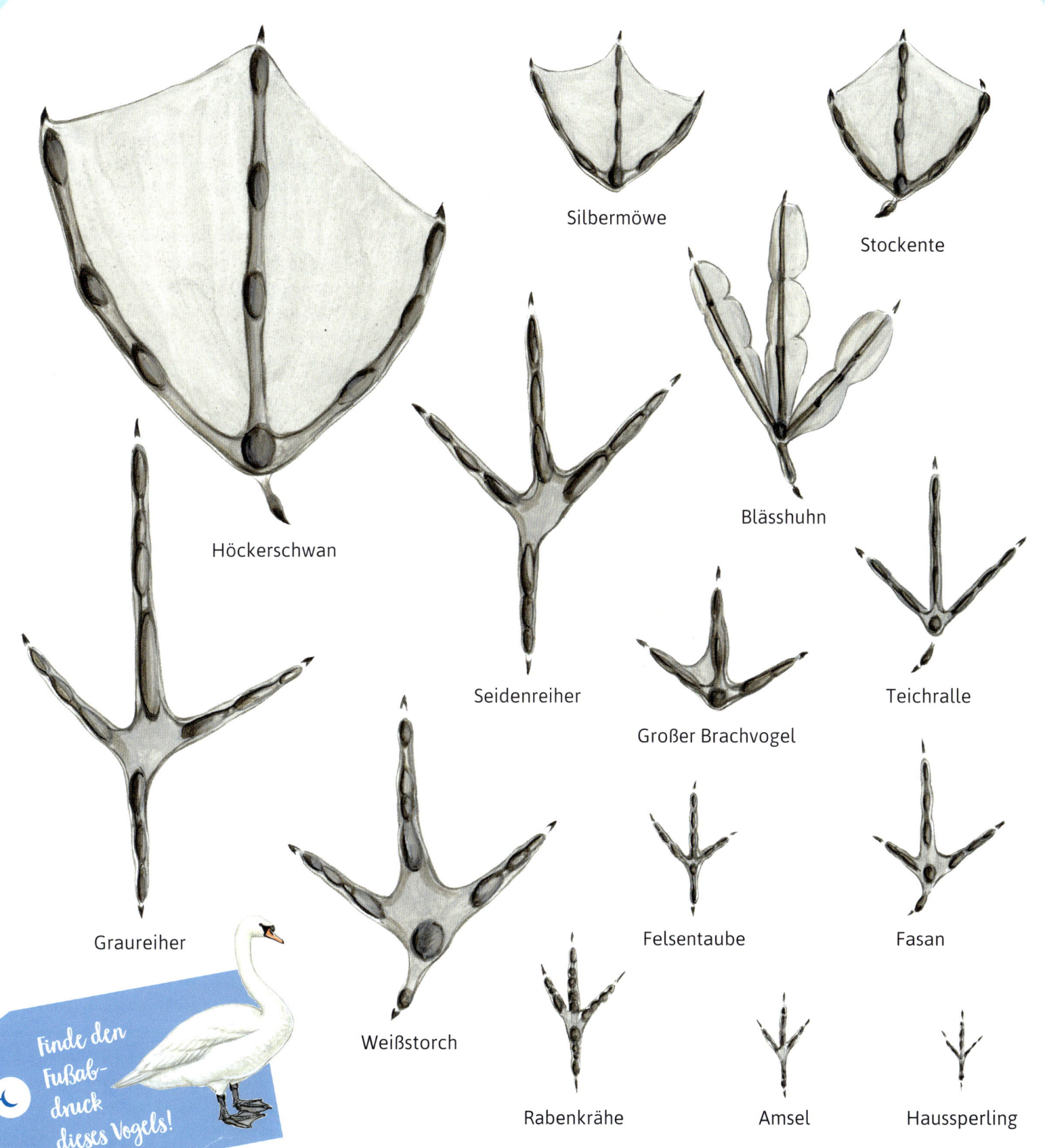

FEDERN

Vögel sind am ganzen Körper mit Federn bedeckt. Diese wachsen, wie unsere Haare. Mindestens einmal im Jahr wechseln Vögel ihr Gefieder.

DREI SORTEN VON FEDERN

* **Daunen:** eine Schicht weicher Federn nahe an der Haut
* **Deckfedern oder Körperfedern:** Sie liegen dachziegelartig über den Daunen an.
* **Schwungfedern:** Sie sitzen an den Flügeln und am Schwanz und sind lang, breit und steif.

WOZU SIND FEDERN DA?

Vogelfedern sind biegsam und leicht, und gleichzeitig stabil. Sie haben mehrere Funktionen.

Im Daunenkleid sammelt sich Luft an. Es isoliert den Körper gegen Kälte und Hitze.

Die Körper- oder Deckfedern schützen vor Feuchtigkeit und Nässe. Mit dem Schnabel verteilt der Vogel ein öliges Sekret aus der Bürzeldrüse auf dem Gefieder.

Die Schwungfedern ermöglichen das Fliegen.

Bienenfresser

Erkenne die Federn!

Farbe und Zeichnung des Federkleids helfen, einen Vogel zu bestimmen.

schwarzer Augenstreif

blaue Kopfplatte

gelber Bauch

blaue Flügel

Es ist eine Blaumeise!

Weitere wichtige Merkmale sind die Flügelform ...

gerundete Form, wie beim Kiebitz

spitze Form, wie beim Strandläufer

... und die Form des Schwanzes.

gegabelt, wie bei der Rauchschwalbe

eingeschnitten, wie beim Erlenzeisig

gerade, wie bei der Ringeltaube

STIMMEN

Zwitschern, schreien, krächzen, piepsen, gurren ... Vögel erzeugen Laute, um sich untereinander zu verständigen.

HÜBSCHE MELODIEN

Die Männchen der meisten Arten singen, um Weibchen anzulocken und Rivalen abzuschrecken. Manche wiederholen immer wieder dieselben Töne, andere verfügen über ein abwechslungsreiches Repertoire, wie zum Beispiel die Amsel.

SCHREIE

Durch Schreie signalisieren Vögel Gefahr. Amseln melden das Nahen einer Katze mit ihrem Warnruf: Tick-tick-tick.

TOCK-TOCK-TOCK ...

Spechte verständigen sich mit ihren Artgenossen durch Klopfgeräusche, indem sie mit dem Schnabel gegen Holz schlagen.

Buntspecht

Wie singen Vögel?

Dank eines besonderes Organs tief unten in ihrer Kehle, dem Stimmkopf, können Vögel singen. Der Kehlkopf steuert die Lautintensität.

Kehlkopf

Stimmkopf

* Das flötenartige Lied des Fitis beginnt mit fititititi.

* Die Kohlmeise wiederholt unzählige Male ihr Ti-ti-tsu. Sie hat aber auch noch andere Gesänge und Rufe.

* Der Star singt sehr laut. Er kann gut Geräusche nachahmen, sogar das Hupen eines Autos oder eine Türklingel.

* Den melodischen Gesang der hoch im Baum sitzenden Amsel hört man früh am Morgen oder am Abend.

>>> *Die Vögel und du* <<<

Höre den Vögeln beim Singen zu!

Man kann Vögel an ihrem Gesang oder Ruf erkennen. Am besten geht das im Frühling. Die meisten Vögel singen früh am Morgen oder abends kurz vor Sonnenuntergang.

SUCHE DIR EINEN GEEIGNETEN ORT AUS.

Vögel setzen sich zum Singen gerne auf erhöhte Stellen, wie zum Beispiel auf einen Ast, einen Pfahl oder ein Dach, die fern von lauten Orten, wie viel befahrenen Straßen, sind.

GEHE LEISE ZU DEINEM LAUSCHPOSTEN.

Schließe die Augen, um dich auf das Hören zu konzentrieren. Zähle, wie viele verschiedene Gesänge du hörst.

VERSUCHE, EINEN SINGENDEN VOGEL ZU BEOBACHTEN.

Nähere dich leise, und bleibe still stehen.

Ein guter Trick

Um dich an den Gesang einer Vogelart zu erinnern, ahmst du die Laute nach.
- Die Singdrossel wiederholt zwischendurch filipp! Filipp! Filipp!
- Der Buchfink singt zipp-zipp-zipp-zippzeripp.

Schlau wie ein Vogel

Vögel besitzen ein gutes Gedächtnis. Manche Arten können sogar neue Verhaltensmuster erlernen.

TREUE RABEN

* Rabenkrähen ziehen ihre Jungen fünf Wochen lang auf.
* Dann verlassen die Jungen das Nest, um sich mit den Jungen aus anderen Familien zusammenzutun. Sie bleiben zwei bis drei Jahre zusammen und helfen sich gegenseitig.

* Erwachsene Rabenkrähen verlassen ihre Jugendgruppe, erinnern sich aber ein Leben lang an ihre Kumpel. Je nachdem, ob sie mit einem Freund, einem Feind oder aber einer unbekannten Rabenkrähe kommunizieren, rufen sie anders.

LISTIGE MEISEN

* In England ließen sich viele Leute morgens Milchflaschen bringen.
* Kohlmeisen lernten, den Aludeckel der Milchflaschen aufzupicken, um an die Sahne zu kommen, die oben auf der Milch schwimmt.
* Man nimmt an, dass ein aufgerissener Deckel sie auf diese Idee brachte. Etwas später fielen auch Meisen in Schweden, Holland und Dänemark über die Milchflaschen her!

EICHELHÄHER SORGEN VOR

1. Im Herbst sammelt ein Eichelhäher über 5000 Eicheln! Er wählt sie einzeln aus, indem er daran klopft: Hohle Eicheln lässt er liegen.

2. Er nimmt auf jedem Flug bis zu sechs Eicheln im Kropf und eine im Schnabel mit.

3. An einer abgelegenen Stelle des Waldes würgt der Eichelhäher die Eicheln wieder hoch und vergräbt sie einzeln im Boden.

4. Im Winter findet er seine Eicheln selbst dann wieder, wenn im Wald Schnee liegt. Er erkennt auch, welche Eicheln als Erste faulen werden.

Waldkauz

Kleiber

Grünfink

Blaumeise

5. Wer ist tagsüber gut getarnt?

6. Wer hat lange, schwarze Schwanzfedern?

7. Wer ist schwarz mit orangefarbenem Schnabel?

8. Wer ist grün mit gelben Flügelrändern?

WIE BEWEGEN SICH VÖGEL FORT?

FLIEGEN

Die meisten Vogelarten fliegen mithilfe der zu Flügeln umgestalteten Vordergliedmaßen.

AERODYNAMISCHE AUSRÜSTUNG

Der gesamte Vogelkörper ist ans Fliegen angepasst. Der Schädel und die anderen Knochen sind teilweise hohl und daher sehr leicht. Eine Meise wiegt weniger als ein Brief!

Der Schnabel durchschneidet die Luft.

Die elastischen Schwungfedern der Flügel spreizen sich bei jedem Flügelschlag und ziehen sich dann wieder zusammen.

Die an der Brustmitte angewachsenen Flugmuskeln sind sehr kräftig.

Der Vogel kann seine Schwanzfedern bewegen, um im Flug zu steuern.

Haussperling

TECHNISCH PERFEKT!

Wenn ein Vogel mit den Flügeln schlägt, bewegt er sie dabei von oben nach unten, aber auch von vorne nach hinten. Dadurch strömt die Luft schneller über seine Flügel als unter ihnen hindurch. Ein Luftsog entsteht, der den Vogel nach oben zieht.

✱ Mit 13 kg Gewicht ist der Höckerschwan einer der schwersten flugfähigen Vogel.

✱ Der Wanderfalke fliegt am schnellsten: Er erreicht bis zu 320 km/h!

✱ Die Küstenseeschwalbe fliegt am weitesten: Sie zieht vom Nordpol zum Südpol und zurück. Das sind zweimal im Jahr knapp 35 000 km!

Eine eigene Welt

Vögel eroberten die Luft und damit einen Lebensraum, in den andere Arten nicht vordringen konnten. So kommen Vögel an Nahrung, die außerhalb der Reichweite anderer Tiere liegt, und können vor Raubtieren fliehen. Es gibt aber ungefähr 40 Vogelarten, die flugunfähig sind, darunter die Pinguine, Strauße und Kiwis.

>> Mit der Lupe <<

Jeder fliegt auf seine Art

RUDERFLUG

Blaumeisen, Reiher und Enten schlagen ununterbrochen mit den Flügeln und fliegen in gerader Linie und auf einer Höhe.

WELLENFÖRMIGER FLUG

Spechte, wie zum Beispiel der **Grünspecht**, aber auch der Buchfink, legen zwischendurch die Flügel an und sacken dann ab.

GLEITFLUG

Manche Vögel legen weite Strecken mit ausgebreiteten Flügeln im Gleitflug zurück und schonen so ihre Kräfte.

RÜTTELFLUG

Der **Turmfalke** und der Eisvogel können dank schneller Flügelschläge in der Luft stehen und beobachten, was unter ihnen vor sich geht.

LAUFEN

Die meisten Vogelarten bewegen sich auch auf ihren Füßen fort. Sie gehen, laufen, hüpfen oder klettern.

MIT KLEINEN SCHRITTEN

Gänse, Buchfinken, Tauben, Falken – viele Vögel laufen am Boden und setzen dabei einen Fuß vor den anderen. Auf diese Weise können sie gehen oder sogar schnell laufen. Andere Arten, wie die Enten, haben einen watschelnden Gang.

Der Gang des Stars

MIT KLEINEN SCHRITTEN

Meisen, Sperlinge und Eichelhäher bewegen sich am Boden nur springend oder hüpfend fort.

Die Hüpfer des Feldsperlings: Auf seinen kleinen Füßen hüpft er wie auf Sprungfedern.

Hühnervögel, wie zum Beispiel Hühner, Rebhühner und Pfauen, bleiben meistens am Boden.

Das Rothuhn kann bis zu 15 km/h schnell laufen!

Manche Vögel bleiben ständig in der Luft.

Schwalben, wie diese Rauchschwalbe, laufen nie und setzen sich auch kaum jemals auf den Boden.

Sturmschwalben laufen auf dem Wasser!

Auf der Suche nach Nahrung, wie zum Beispiel Fischabfällen, laufen Sturmschwalben flügelschlagend über die Meeresoberfläche.

Mit der Lupe

Jeder klettert auf seine Art

BUNTSPECHT

Der Buntspecht krallt sich in der Rinde fest und stützt sich mit den starren Schwanzfedern ab.

GARTENBAUMLÄUFER

Der Gartenbaumläufer klettert spiralförmig um den Stamm herum. Oben angekommen, fliegt er wieder zum Fuß des nächsten Stamms hinunter.

MAUERLÄUFER

Der Mauerläufer klettert mithilfe kleiner Flügelschläge an Felswänden, Geröllhalden und mitunter auch an Hauswänden empor.

KLEIBER

Der Kleiber klettert am Baumstamm sehr geschickt in alle Richtungen und kann sogar mit dem Kopf nach unten hinunterlaufen.

SCHWIMMEN

Wasservögel, die an Seen, Flüssen, Sümpfen oder dem Meer leben, können schwimmen oder sogar ausgezeichnet tauchen.

DIE SCHWIMMER

Zahlreiche Vögel, wie etwa Stockente, Lachmöwe oder Höckerschwan, landen auf dem Wasser und schwimmen an der Oberfläche. Sie können gut schwimmen, aber nicht tauchen.

DIE TAUCHER

Tauchenten, Kormorane und Haubentaucher suchen sich ihr Futter unter Wasser und können gut tauchen. Dabei treiben nur die Füße den Körper an.

Ein Haubentaucher beim Schwimmen unter Wasser

Schwimmend fliegen

Trottellumme, Papageitaucher und Tordalk bewegen sich unter Wasser durch Schlagen der Flügel fort. Ihre nach hinten gestreckten Schwimmfüße setzen sie zum Steuern ein.

Eissturmvogel
Silbermöwe

✳ Möwen und Eissturmvögel schwimmen mithilfe ihrer Schwimmfüße. Sie tauchen nicht, stecken aber den Kopf unter Wasser.

✳ Die Wasseramsel springt von einem Stein ins Wasser. Flügelschlagend und strampelnd taucht sie zum Grund hinab, auf dem sie gegen die Strömung läuft.

✳ Der Eisvogel springt mit angelegten Flügeln von einem Ast ins Wasser. Dann spreizt er die Flügel, um zu bremsen und nicht auf dem Grund aufzuschlagen.

Quiz

Tauch-Champions

1. Wie bewegen sich Atlantiksturm-taucher unter Wasser fort?

   a Mit Füßen und Flügeln
   b Mit Schnabelbewegungen
   c Durch Meeresströmungen

2. Warum sitzt dieser Kormoran mit ausgebreiteten Flügeln?

   a Er kühlt sich ab.
   b Er will eine Partnerin anlocken.
   c Er lässt seine Flügel trocknen.

3. Mit welcher Geschwindigkeit dringt dieser Basstölpel ins Wasser ein?

   a 40 km/h
   b 60 km/h
   c 100 km/h

4. Wie kommt der Eisvogel zu seiner Beute?

   a Er sieht sie, bevor er taucht.
   b Er verfolgt sie unter Wasser.
   c Er taucht auf gut Glück.

Vogelwissen

»»»» Wo fliegen die Zugvögel hin? ««««

Jahr für Jahr unternehmen Zugvögel sehr lange Reisen, um Regionen zu erreichen, in denen sie reichlich Nahrung vorfinden.

Der Herbstzug: Wenn der Sommer zu Ende geht und die Tage kürzer werden, fliegen die Zugvögel in Schwärmen nach Süden. Dort ist es jetzt auch noch warm, und es gibt immer noch viele Insekten und Früchte.

Der Frühjahrszug: Wenn der Winter bei uns vorbei ist, fliegen die Zugvögel wieder nach Norden. Die meisten kehren zu den Orten zurück, wo sie bereits im Vorjahr genistet haben oder geschlüpft sind.

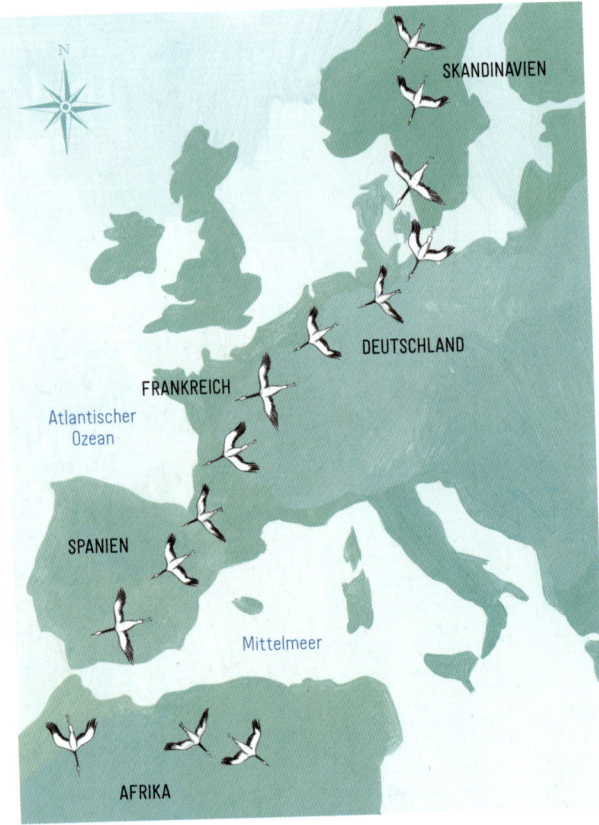

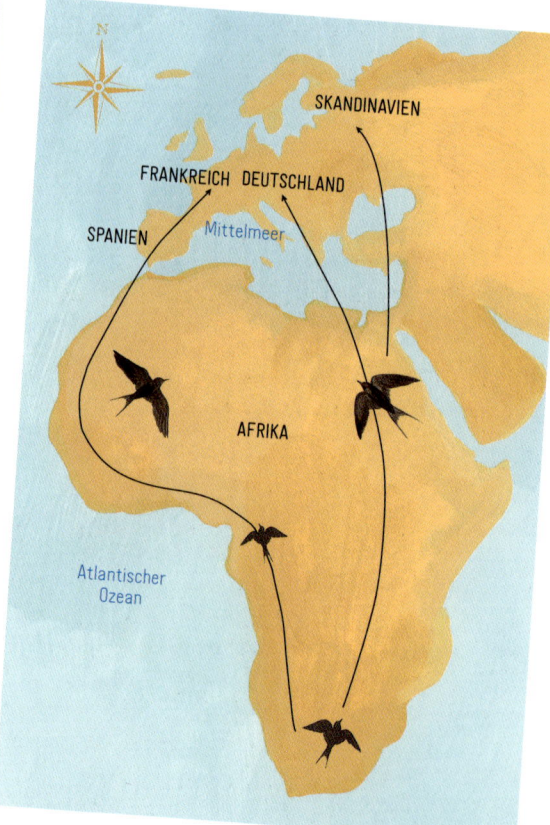

Kraniche ziehen ihre Jungen in Norddeutschland oder Skandinavien auf. Bei mildem Wetter verbringen sie den Winter in Frankreich. Wird es ihnen dort zu kalt, fliegen sie nach Spanien oder Afrika weiter.

Nachdem sie in Afrika überwintert haben, kehren die Rauchschwalben im Frühjahr nach Europa zurück und fliegen dabei über 6000 km weit!

WER ZIEHT WOHIN?

Rotkehlchen bleiben im Winter bei uns, doch wenn es sehr kalt wird, überwintern sie südlich der Orte, an denen sie nisten.

Mauerläufer verbringen den Sommer gerne hoch oben in den Bergen und überwintern unten im Tal.

Küstenseeschwalben ziehen ihre Jungen in der Arktis auf. Danach fliegen sie in die Antarktis, um den dortigen Sommer zu nutzen.

Dem **Erlenzeisig** wird es in Nordeuropa im Winter zu kalt. Deshalb fliegt er dann in großen Schwärmen nach Süden.

Rauchschwalben legen lange Strecken tagsüber im Schwarm zurück und orientieren sich dabei an der Position der Sonne.

Mönchsgrasmücken ziehen überwiegend nachts und lassen sich von den Sternen leiten.

Graureiher

Lachmöve

Steinwälzer

Vögel beobachten

1. Wer legt vor dem Sprung ins Wasser die Flügel an?

2. Wer schwimmt halb ins Wasser eingetaucht?

3. Wer schwimmt, taucht aber zum Fischen ab?

4. Wer fliegt im Ruder- und Gleitflug?

Überall sind Vögel!

Mantelmöwe

Basstölpel

Trottellumme

Austernfischer

Tordalk

Krähenscharbe

Papageitaucher

5. Wer lauert beim Fischen reglos auf Beute?

6. Wer taucht, um einen Fisch zu fangen?

7. Wer watet durch das Wasser?

8. Wer fliegt unter Wasser?

WAS FRESSEN VÖGEL?

DIE VEGETARIER

Was ein Vogel frisst, hängt von seiner Umwelt und der Form seines Schnabels ab. Viele sind Pflanzenfresser.

SCHLINGEN

Vögel besitzen keine Zähne und schlingen deshalb ihre Nahrung, ohne zu kauen. Sie verdauen sie in Kropf und Muskelmagen.
* **Der Kropf** ist eine Art Magen, in dem die Nahrung eingeweicht wird.
* **Der Muskelmagen** besitzt muskulöse Wände, die die Nahrung zermahlen.

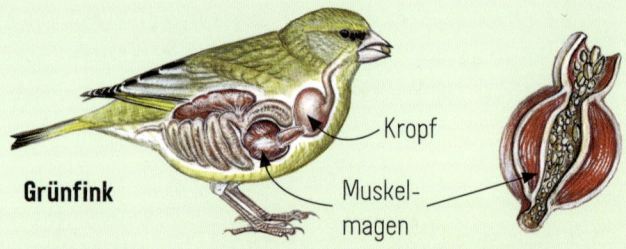

Grünfink

Um ihr Futter zu einem Brei zu verarbeiten, schlucken Körnerfresser kleine Steine, die im Muskelmagen bleiben.

WAS STEHT AUF DEM SPEISEPLAN?

* **Pflanzenfresser** ernähren sich von Gras, wie die Löffelente, oder von Trieben, wie die Ringeltaube.
* **Fruchtfresser**, wie der in den Tropen vorkommende Riesentukan, leben von Früchten.
* **Körnerfresser**, wie Grünfink (Grünling) oder Haussperling, ernähren sich von Körnern.

> **Vogelpipi**
>
> Vögel haben keine Blase. Ihr Urin bildet eine weiße Masse, die gemeinsam mit dem dunkleren Kot ausgeschieden wird.

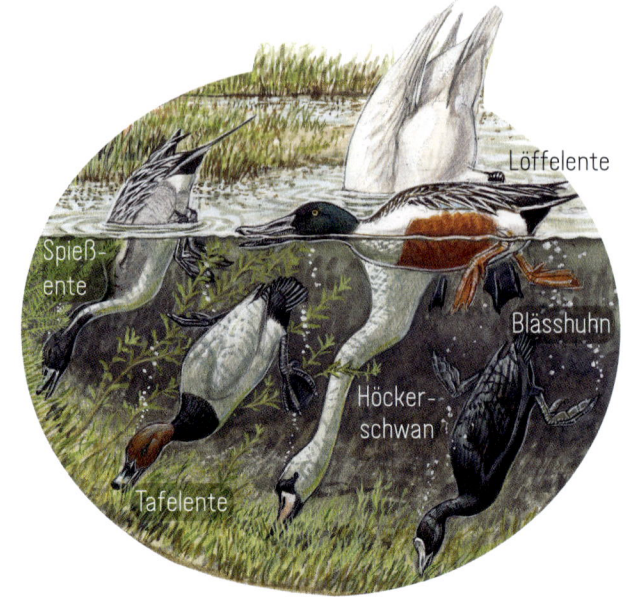

* Mit ihrem abgeflachten Schnabel reißen diese Wasservögel die Pflanzen ab, die am Ufer, an der Wasseroberfläche oder unter Wasser wachsen.

* Mit seinem spitzen Schnabel, der weder sehr groß noch sehr schmal ist, pickt der Pirol in reife Früchte.

* Mit seinem kräftigen, spitzen Schnabel pickt der Kleiber Nüsse auf, die er zuvor in einen Rindenspalt steckte.

Die Vögel und du

Winterfütterung

RICHTE FUTTERPLÄTZE EIN

Biete den Vögeln Sonnenblumenkerne in einem Futtersilo oder auf einem Tablett an. Der Futterplatz sollte vor Regen und Schnee geschützt sein.

STELLE VOGELTRÄNKEN AUF

Verwende keine allzu tiefen Gefäße oder solche mit glatten Rändern. Ein in die Mitte gelegter Stein dient als Sitz.

MACHE MEISENKNÖDEL SELBST

Verknete Schmalz mit Körnern, und forme aus der Masse Knödel, die du an Äste hängen kannst.

FÄDLE MEISENKETTEN AUF

Spieße auf ein Stück Draht ungeschälte Erdnüsse und Fettränder vom Schinken, und hänge die Ketten in Sträucher.

Schon gewusst?
- Wildvögel sollte man nur füttern, wenn es sehr kalt ist oder sehr viel regnet, weil sie dann mehr Energie brauchen, um warm zu bleiben.
- Füttere Wildvögel niemals mit frischem oder trockenem Brot.

DIE JÄGER

Manche Vögel sind Fleischfresser:
Sie fressen andere Tiere.

INSEKTENJÄGER

Vögel, die sich von Insekten ernähren, nennt man **Insektenfresser**. Im Winter müssen sie entweder in den Süden ziehen oder ihren Speiseplan ändern, weil dann keine Insekten mehr unterwegs sind. Jeder Insektenjäger hat seine Lieblingsbeute und seine eigenen Jagdmethoden.

* **Jagd in der Luft:** Der Vogel verfolgt das fliegende Insekt und packt es mit dem Schnabel oder den Füßen.
* **Jagd am Boden:** Manche Vogelarten jagen Schnecken, Würmer und Larven am Boden sowie unter der Erde oder an Bäumen lebende Insekten.

Dieser Grünspecht fängt mit seiner klebrigen, über 10 cm langen Zunge Ameisen.

VOGELJÄGER

Möwen, Krähenvögel und einige andere Arten plündern gelegentlich die Nester anderer Vögel und fressen Eier oder Küken. Vor allem aber jagen Greifvögel und Eulen andere Vögel.

Fleischfressende Vögel können die harten Teile ihrer Beute nicht verdauen: die Knochen, Haare, Gräten, Schalen oder Federn.

Steinkauz

In ihrem Magen entstehen aus diesen Abfällen sogenannte Gewölle oder Speibälle, die wieder herausgewürgt werden.

Der Speiballen des Bienenfressers enthält nur Überreste von Insekten.

Der Speiballen des Eisvogels besteht nur aus Gräten.

Der Speiballen der Silbermöwe enthält vor allem Reste von Meerestieren.

Das Gewölle des Waldkauzes besteht aus Haaren, Schädeln und anderen Knochen von Nagetieren.

Mit der Lupe

Eulen und Greifvögel

Eulen und Greifvögel ernähren sich überwiegend von Wirbeltieren, wie kleinen Säugetieren, Fischen, Schlangen, Eidechsen und anderen Vögeln. Die meisten Greifvögel sind tagaktiv, die meisten Eulen sind nachtaktiv.

Bartgeier
Der tagaktive Greifvogel hält nach Kadavern großer Tiere Ausschau und ernährt sich vom Mark in deren Knochen. Um an das Mark zu kommen, lässt er die Knochen auf Felsen fallen.

Waldkauz
Der Waldkauz jagt nachts. Lautlos stürzt er sich auf kleine Nagetiere, die er mit den Füßen packt.

Mäusebussard
Von einem erhöhten Ansitz aus überwacht der Mäusebussard tagsüber die Umgebung und stürzt sich im Flug auf Beutetiere, wie kleine Nager, Schlangen oder Frösche.

Wanderfalke
Der Wanderfalke jagt am Tag Vögel. Mit dem scharfen, gekrümmten Schnabel und den Krallen zerteilt er seine Beute.

Schlangenadler
Dieser tagaktive Greifvogel ernährt sich überwiegend von Schlangen. Wenn diese sich im Winter verstecken, muss er nach Süden ziehen.

DIE FISCHER

Bei der Futtersuche waten fischfressende Vögel durch seichtes Wasser oder tauchen und schwimmen in tiefem Wasser.

IM SCHLAMM FISCHEN

Vögel, die an Ufern von Gewässern nach Schnecken, Muscheln und anderen kleinen Tieren suchen, nennt man **Watvögel**. Je nach der Länge ihres Schnabels stochern sie mehr oder weniger tief in Schlamm und nassem Sand.

AUF LANGEN BEINEN

Rosaflamingos, Weißstörche und andere fleischfressende **Arten mit langen Beinen** wagen sich ins tiefere Wasser vor, um mit dem Schnabel Insekten sowie kleine Krebse und Fische zu fangen. Ihr Gefieder bleibt dabei trocken.

FISCHFÄNGER

Vögel, die sich überwiegend von Fischen ernähren, bezeichnet man als **Fischfresser**. Die gefangenen Fische verschlingen sie ganz, mit dem Kopf zuerst.

Nickhaut
Alle Vögel besitzen sozusagen ein drittes Lid, die Nickhaut. Bei Wasservögeln ist sie durchsichtig und schützt das Auge unter Wasser.

Die Nickhaut der Krähenscharbe

Watvögel ertasten die im Schlamm verborgene Beute mit der Schnabelspitze.

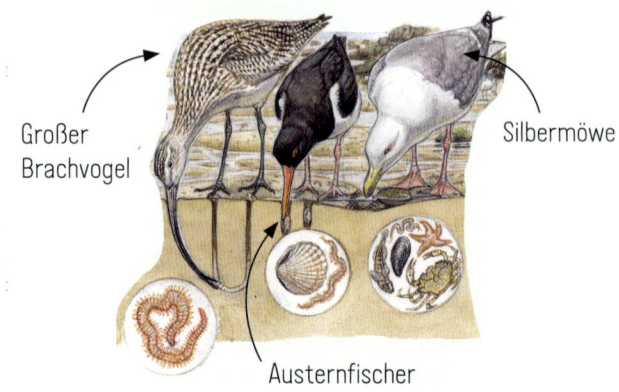

Großer Brachvogel • Silbermöwe • Austernfischer

Langbeinige Vögel wenden unterschiedliche Fangmethoden an.

Der Stelzenläufer pickt Insekten auf dem Gewässerboden auf.

Der Säbelschnäbler fängt an der Oberfläche schwimmende Insekten.

Der Löffler filtert kleine Krebse aus dem Wasser heraus.

Fischfresser entwickelten unterschiedliche Fangmethoden.

Der Fischadler hält im Flug Ausschau nach Fischen. Sodann fliegt er knapp über der Wasseroberfläche und packt den Fisch mit seinen Füßen.

Mit der Lupe

Schlaue Tricks

Papageitaucher
Die Zunge des Papageitauchers und sein Gaumen sind rau, sodass er mit seinem Schnabel viele nacheinander gefangene kleine Fische festhalten kann.

Gänsesäger
An den Schnabelrändern des Gänsesägers sind winzige Spitzen, sodass die glatten Fische nicht aus dem Schnabel rutschen.

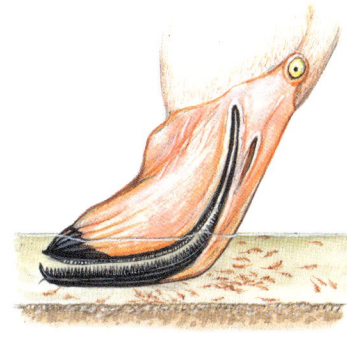

Rosaflamingo
Der Schnabel ist mit Hornlamellen ausgestattet, mit denen der Flamingo kleine Tiere aus dem Wasser siebt. Gerne frisst er Salinenkrebse, deren Farbstoffe sein Gefieder rosa färben.

Eiderente
Die Eiderente taucht bis zu 40 Meter tief, um am Grund nach Muscheln zu suchen.

Austernfischer
Mit dem Schnabel löst der Austernfischer Napfschnecken von Steinen und öffnet geschlossene Muschelschalen.

Brandgans
Bei Ebbe sammelt die Brandgans Muscheln auf.

Vogelwissen

Ein Vogeltag
Die Kohlmeise, ein Tagvogel

1. Das Erwachen erfolgt kurz vor Sonnenaufgang. Sorgfältig glättet die Kohlmeise ihr Gefieder, jede Feder einzeln, und entfernt Parasiten. Nur ein sauberes Gefieder hält warm und erleichtert das Fliegen.

2. Die Mahlzeiten: Den Tag verbringt sie mit der Futtersuche, vor allem im Winter, wenn die Tage kurz und Insekten selten sind.

3. Gefahren: Bei der Futtersuche am Boden muss sie gut aufpassen, denn durch ihre auffällige Färbung ist sie für Katzen, Sperber und andere Fressfeinde gut sichtbar.

4. Schlafen gehen: Nach einem ausgiebigen Abendessen geht die Kohlmeise bei Einbruch der Dunkelheit schlafen. Dazu setzt sie sich auf einen hohen Ast, den ihre Zehen gut umgreifen können.

DIE WALDOHREULE, EIN NACHTVOGEL

1. **Das Erwachen:** Nach Sonnenuntergang öffnet die Waldohreule ihre orangefarbenen Augen und beginnt, ihr Gefieder zu putzen.

2. **Die Jagd:** Lautlos fliegt die Eule über die Felder. Dabei beobachtet sie genau den Boden und achtet auf leiseste Geräusche. Sobald sie ein kleines Nagetier bemerkt, jagt sie es.

3. **Die Mahlzeiten:** Auf einem Ast sitzend schlingt sie ihre Beute unzerkleinert hinunter, mit dem Kopf zuerst. Sodann jagt sie weiter.

4. **Schlafen gehen:** Bereits lange vor Sonnenaufgang setzt sich die Waldohreule auf einen Ast und schläft ein. Nach dem Aufwachen würgt sie das aus den unverdaulichen Teilen der Beute bestehende Gewölle hoch.

Guten Appetit!

Rauchschwalbe

Sperber

Amsel

Stieglitz

Singdrossel

Vögel beobachten

1. Wer zieht eine Schnecke aus ihrem Haus?

2. Wer fängt eine Heuschrecke?

3. Wer holt Regenwürmer aus dem Boden?

4. Wer frisst die Samen der Disteln?

 5. Wer trägt in seinen Fängen eine Maus davon?

 6. Wer hackt Maden aus der Baumrinde?

 7. Wer jagt andere Vögel?

 8. Wer greift eine Hummel an?

WIE SCHLÜPFEN KÜKEN?

BALZ

Im Frühjahr paaren sich Vögel, um sich fortzupflanzen. Damit die Weibchen auf sie aufmerksam werden, lassen sich die Männchen einiges einfallen.

SCHÖNES GEFIEDER

Zu Beginn der Paarungszeit wird das Gefieder der Männchen mancher Arten bunter und auffälliger: Sie bekommen ihr Prachtkleid. Weibchen, die alleine brüten, haben ein unauffälliges Gefieder, damit sie Fressfeinden nicht auffallen.

Im Winter und Frühjahr trägt der Stockenten-Erpel sein Prachtkleid.

Im Sommer sieht er ebenso unauffällig wie das Weibchen aus.

Das Gefieder der jungen Rotkehlchen, die sich noch nicht fortpflanzen, ist farbloser …

… als das ihrer Eltern.

LIEBESLIEDER

Im Frühjahr singen die Männchen, um eine Partnerin zu finden. Später singen sie, um ihr Revier zu verteidigen und ihre Jungen in Ruhe aufziehen zu können.

Kämpfe am Boden

Birkhähne kämpfen miteinander. Die Weibchen schauen zu und wählen dann ihren Favoriten aus.

Wasserballett

Schellenten-Erpel nehmen vor den zuschauenden Weibchen auffällige Haltungen ein.

Flugkünstler

Das Kornweihe-Männchen lässt im Flug seine Beute fallen, und das Weibchen fängt sie in der Luft auf.

Quiz

Die schönsten Liebesgeschichten

1. Wie gewinnt das Eisvogel-Männchen das Herz eines Weibchens?
   - a Es singt ganz laut.
   - b Es führt kunstvolle Tauchsprünge vor.
   - c Es bietet dem Weibchen einen Fisch an.

2. Wo trifft sich das Weißstorch-Paar?
   - a Im Flug am Himmel
   - b Auf dem Nest vom Vorjahr
   - c Auf einem hohen Schornstein

3. Was macht das Taubenweibchen, wenn ein Taubenmännchen um es wirbt?
   - a Es hüpft.
   - b Es läuft mit tief hängenden Flügeln.
   - c Es steckt seinen Schnabel in den des Männchens.

4. Wie nimmt ein Zaunkönig-Männchen ein Weibchen für sich ein?
   - a Es baut mehrere Nester.
   - b Es legt einen Vorrat an Insekten an.
   - c Es zeigt sein glänzendes Gefieder.

NESTBAU

Sobald ein Paar zusammengefunden hat, wird es Zeit, ein Nest zu bauen.

WOZU IST DAS NEST DA?

Die Vogeleltern bauen ein Nest, damit die Eier sicher sind und ausgebrütet werden können. Die Jungen sind darin vor Wetter und Fressfeinden geschützt.

JEDES NEST IST ANDERS

Jede Art baut ihr Nest auf ihre Weise mit Material aus ihrem Lebensraum. Nester können auf dem Boden, dem Wasser oder Ästen aufliegen. Sie können geflochten sein, aus Lehm oder aus einer Baumhöhle bestehen.

Weißstörche bauen ihre Nester auf hohen Kaminen oder Masten. Ihr Nest kann 2 m breit und 500 kg schwer sein!

Stelzenläufer legen nur ein paar Zweige flach auf den Boden, und fertig ist ihr Nest!

Haubentaucher bauen vor der Eiablage ein neues schwimmendes Nest.

Das Pirol-Weibchen flicht zwischen hohen Ästen ein Nest, ähnlich wie eine Hängematte.

Die Mehlschwalbe baut ihr Nest aus Lehmkügelchen. Dazu braucht sie bis zu 2000 dieser kleinen Kugeln!

Der Schwarzspecht legt sein Nest in einem Baumstamm an. Es ist bis zu 60 cm tief. Manchmal wird es später von anderen Vögeln genutzt.

Die Vögel und du

Nistkästen aufhängen

Spechte, Kohlmeisen, Sperlinge und Rotkehlchen sind Höhlenbrüter: Sie suchen sich für ihr Nest eine Höhle im Boden oder in einem Baumstamm. Aber sie brüten auch gerne in Nistkästen, die wir ihnen basteln.

Hänge deinen Nistkasten früh auf, am besten ab Dezember, damit die Vögel ihn bemerken.

Suche dafür einen sicheren Ort aus, an einem Gebäude oder auf einem Baum. Stelle ihn nicht auf einen Ast, damit Katzen und andere Raubtiere nicht drankommen.

Der Nistkasten sollte mindestens 3 m Abstand zum Boden haben (lass dir von einem Erwachsenen helfen). Die Öffnung sollte nach Südosten ausgerichtet sein. Hänge ihn an einem stabilen Draht auf.

Ein guter Trick

Höhlenbrüter übernehmen einen Nistkasten nur dann, wenn er in der Größe zu ihnen passt! Deshalb muss der Durchmesser des Einflugloches der jeweiligen Art entsprechen.

- 4 cm für Rotschwänze und Stare
- 3,2 cm für Kohlmeise und Sperlinge
- 2,8 cm für Blaumeise und Grauschnäpper

EIABLAGE

Vögel vermehren sich durch Eier. Nur die Weibchen können Eier legen, und meist sind auch sie es, die brüten.

DIE EIABLAGE

Bei manchen Arten legt das Weibchen nur jeweils ein Ei, wie beim Papageitaucher. Adler brüten nie mehr als drei Eier aus. Den Legerekord hält die Blaumeise mit bis zu 16 Eiern pro Gelege.

DAS BRÜTEN

Damit sich ein Küken entwickeln kann, muss das Ei je nach Art zehn bis 50 Tage lang gewärmt werden. Das Weibchen setzt sich auf die Eier, um sie mit ihrem Körper zu wärmen. Bei manchen Arten beteiligt sich auch das Männchen am Brüten.

Ein brütendes Stieglitz-Weibchen

Die Strategie des Kuckucks

Das Kuckucksweibchen legt sein Ei in das Nest anderer Vögel. Das fremde Ei ähnelt den Eiern der Gastgeber. Das Kuckucksküken wird dann von seinen Adoptiveltern gefüttert, selbst wenn es viermal so groß ist wie sie!

Mit der Lupe

Wer schlüpft aus dem Ei?

Die Eierschale schützt das Küken.

Ei einer Silbermöwe

Die Schale muss so stabil sein, dass sie dem Gewicht des brütenden Vogels standhält, und gleichzeitig so dünn, dass das Küken im Ei atmen und sie schließlich aufbrechen kann.

Beim Schlüpfen ...

Alle Küken haben am Schnabelende eine harte Spitze, den Eizahn. Mit ihm durchbrechen sie beim Schlüpfen die Eierschale.

Eine kleine Silbermöwe

Eizahn

Was tun, wenn man ein nacktes Küken findet?

Setze es sofort wieder ins Nest. Falls es zum Tierarzt muss, transportierst du es in einem Karton. Am besten setzt du es dann auf eine lauwarme Wärmflasche.

Die ersten Tage eines Kükens

**Die Jungen der Rauchschwalbe sind Nesthocker:
Sie bleiben im Nest, bis sie fliegen können.**

1. Schlüpfen: Nach 20-tägiger Brutzeit schlüpfen die Schwalbenküken. Sie sind nackt, ihre Augen sind noch geschlossen. Die Eltern werfen die Eierschalen und den Kot der Küken aus dem Nest.

2. Wärmebedürfnis: Die Eltern wärmen abwechselnd ihre Jungen. Während der eine im Nest sitzt, fängt der andere Insekten und füttert die Jungen aus seinem Kropf.

3. Wachstum: Nach fünf Tagen bekommen die Küken am ganzen Körper einen feinen Flaum, und ihre Augen öffnen sich. Nach 15 Tagen haben sie richtige Federn und lassen ihren Kot vom Nestrand aus nach unten fallen.

4. Ausfliegen: 20 Tage nach dem Schlüpfen hocken die jungen Schwalben auf dem Nestrand. Ihre Eltern füttern sie, bis sie gut fliegen können und selbstständig sind.

**Junge Höckerschwäne sind Nestflüchter:
Sie verlassen sofort nach dem Schlüpfen das Nest.**

1. Schlüpfen: Nachdem das Weibchen die Eier ungefähr 35 Tage lang ausgebrütet hat, schlüpfen die fünf bis acht Küken des Geleges. Sie sind am ganzen Körper von dichtem Flaum bedeckt.

2. Erstes Bad: Unter Aufsicht der Eltern gehen die Küken sofort ins Wasser. Sie können instinktiv schwimmen. Manchmal klettern sie auf den Rücken des Vaters und ruhen sich aus.

3. Futtersuche: Die Eltern reißen am Grund Pflanzen ab. Sie platzieren die Nahrung vor den Küken, damit diese sie fressen können.

4. Neues Gefieder: Mit zwei Monaten besitzen die Jungschwäne ein vollständiges graues Gefieder. Erst mit einem Jahr werden sie weiß. Sie bleiben bei ihren Eltern, bis ihre Flügel ausgewachsen sind. Mit vier Monaten können sie fliegen.

Vögel beobachten

1. Wer legt sein Ei in ein fremdes Nest?

2. Welche Küken werden von beiden Eltern gefüttert?

3. Wer baut sein Nest in einem Erdtunnel?

4. Welche Jungen verlassen das Nest, bevor sie fliegen können?

Vogelfamilien

Pirol

Buchfink-Weibchen

Haubentaucher

5. Welches Küken kann von Geburt an schwimmen?

6. Wer baut sein Nest in der Baumkrone?

7. Wer hackt für sein Nest ein Loch in den Baumstamm?

8. Welche Jungen haben noch kein Gefieder?

WO LEBEN VÖGEL?

In Städten und Dörfern

Der **Turmfalke** jagt vor allem Mäuse, aber auch kleine Vögel und Insekten.

Die **Rabenkrähe** kommt überall zurecht und frisst alles, sogar Abfälle.

Die **Kohlmeise** ist sehr mutig und die größte unserer Meisen.

Der **Mauersegler** ist ein Zugvogel. Er fliegt ständig, sogar im Schlaf!

Der **Halsbandsittich** lebt in Städten und pflanzt sich dort fort.

Die **Mehlschwalbe** baut ihr Nest unter Dachvorsprüngen.

Der **Haussperling** kann auch von Abfällen leben, ist aber nicht mehr so häufig zu sehen.

Der **Buntspecht** lebt in Parks und Gärten mit großen Bäumen.

Die **Felsentaube** fühlt sich in Großstädten wohl und nistet an Gebäuden.

Bei den **Amseln** ist das Weibchen braun und singt leiser als das schwarzgefiederte Männchen.

Auf dem Land

Die **Kornweihe** jagt die Nagetiere auf den Feldern und nistet im Getreidefeld.

Die **Schleiereule** nistet in Scheunen und Kirchtürmen.

Als Jagdbeute ausgesetzt, ist der **Fasan** inzwischen bei uns heimisch.

Durch den schwarzen Fleck unter dem Auge unterscheidet der **Feldsperling** sich vom Haussperling.

Im Winter bildet der **Star** große, laute Schwärme.

Die **Türkentaube** wanderte aus Südosteuropa zu uns ein.

Der winzige **Zaunkönig** kann sehr laut singen! Er lebt im Unterholz und reckt immerzu den Schwanz hoch.

Der **Kiebitz** ist ein Watvogel, der im Winter auf gepflügten Feldern nach Futter sucht.

Im Winter sucht das **Rotkehlchen** auch in der Umgebung der Häuser nach Futter.

Der **Grünspecht** frisst am liebsten Ameisen und hält sich oft am Boden auf.

In den Wäldern

Der **Schwarzmilan** ist ein Zugvogel, der so ziemlich alles frisst, auch Abfälle.

Der **Waldkauz** ruft bei Anbruch der Dunkelheit, bevor er jagt.

Der **Sperber** jagt vor allem kleine Vögel. Das Weibchen ist größer und grauer als das Männchen.

Mit seinem Ruf warnt der **Eichelhäher** die Waldtiere vor Spaziergängern.

Der kleinste Vogel Europas ist das **Wintergoldhähnchen** Es wiegt nur fünf bis sieben Gramm!

Der **Schwarzspecht** ist der größte europäische Specht.

Mit dem kräftigen Schnabel knackt der **Kernbeißer** Nüsse und sogar Kirschkerne!

Der **Schwarzstorch** jagt in den Sümpfen und nistet im Wald in Baumkronen.

Im Unterholz und dem trockenen Laub am Boden ist die **Waldschnepfe** gut getarnt.

In der Nähe von Seen, Teichen und Sümpfen

Das geflochtene Nest des **Teichrohrsängers** hängt zwischen Schilfstängeln.

Der **Säbelschnäbler** sucht sein Futter im seichten Wasser, kann aber auch schwimmen.

Die **Bachstelze** fängt Insekten im Flug, läuft aber auch viel am Boden.

Wenn er sich ausruht, steht der **Weißstorch** oft auf einem Bein.

Die **Sumpfohreule** fliegt tagsüber oder auch nachts. Wenn sie unruhig ist, stellen sich ihre Federohren auf.

Beim Zug fliegen **Graugänse** in V-Formation und schreien dabei ständig durchdringend und schrill.

Die **Rohrweihe** frisst überwiegend kleine Wasservögel und deren Eier.

Das **Blässhuhn** schwimmt lange Strecken und taucht dann, um Wasserpflanzen zu fressen.

Die **Bekassine** stochert mit dem Schnabel im Schlamm nach Würmern und Schnecken.

Der **Seidenreiher** jagt geschickt kleine Fische und Frösche sowie andere kleine Tiere.

An der Meeresküste

Der **Löffler** verdankt seinen Namen dem langen, vorne abgeflachten Schnabel.

Mit großen Schritten watet der **Stelzenläufer** im seichten Wasser.

Im Rüttelflug in der Luft stehend beobachtet die **Brandseeschwalbe** kleine Fische und stürzt sich dann im Stoßflug auf sie herab.

Der **Atlantiksturmtaucher** verbringt fast sein ganzes Leben auf dem Meer, nistet aber in Felsnischen oder Kaninchenlöchern.

Außer Heringen frisst die **Heringsmöwe** auch andere Fische und kleine Tiere.

Der **Brandgans**-Erpel hat einen verdickten roten Schnabelansatz.

Die **Ringelgans** schwimmt sehr gut. Sie lebt von kleinen Tieren, wie Insekten und Muscheln, sowie von Algen.

Der **Sandregenpfeifer** läuft sehr schnell über den nassen Sand und pickt kleine Tiere auf.

Der **Rotschenkel** stochert im flachen Wasser nach kleinen Tieren.

Der **Große Brachvogel** markiert sein Revier, indem er rufend darüberfliegt.

In aller Welt

Der **Rosaflamingo** wird durchschnittlich 25 Jahre alt. Die meisten dieser Vögel brüten in Asien, andere leben in Afrika, Europa und Australien.

Der **Kaiserpinguin** schwimmt und taucht hervorragend, kann aber nicht fliegen. Er brütet auf dem Eis der Antarktis.

Auflösungen

KAPITEL: WAS IST EIN VOGEL?

S. 15: Es ist ein Abdruck des Höckerschwans.

S. 17: Es ist die Feder des Buntspechts.

S. 22: Vögel beobachten: 1. Höckerschwan. 2. Kleiber. 3. Blaumeise. 4. Blesshuhn. 5. Waldkauz. 6. Elster. 7. Amsel. 8. Grünfink.

KAPITEL: WIE BEWEGEN SICH VÖGEL FORT?

S. 31 Quiz: Tauch-Champions: 1a. Der Atlantiksturmtaucher bewegt im Wasser Flügel und Füße. 2c. Der Kormoran breitet nach dem Tauchen die Flügel aus, damit sie trocknen. Anders als bei anderen Wasservögeln ist sein Gefieder nicht vollkommen wasserabweisend. 3c. Nach einem Sprung aus 30 m Höhe erreicht der Basstölpel bis zu 100 km/h und bis zu 22 m Tiefe! 4a. Der Eisvogel erkennt seine Beute von oben und berechnet nach ihrer Position seinen Sturzflug, denn er verfolgt sie nicht unter Wasser.

S. 34-35 Vögel beobachten: 1. Basstölpel. 2. Krähenscharbe. 3. Tordalk. 4. Lachmöwe. 5. Graureiher. 6. Trottellumme. 7. Steinwälzer. 8. Papageitaucher.

KAPITEL: WAS FRESSEN VÖGEL?

S. 46-47 Vögel beobachten: 1. Singdrossel. 2. Wiedehopf. 3. Amsel. 4. Stieglitz. 5. Turmfalke. 6. Buntspecht. 7. Sperber. 8. Grauschnäpper.

KAPITEL: WIE SCHLÜPFEN KÜKEN?

S. 51 Quiz: Die schönsten Liebesgeschichten: 1c. Das Eisvogelmännchen hält seiner Herzensdame einen Fisch hin, lässt aber erst los, wenn sie die Paarung zulässt. 2b. Das Weißstorch-Paar trifft sich auf dem Nest vom Vorjahr und baut es weiter aus. 3c. Das Taubenweibchen steckt seinen Schnabel in den des Männchens, wie ein bettelndes Junges. 4a. Das Männchen baut mehrere Nester, und das Weibchen sucht sich eines aus.

S. 55: Der Vogel ist ein Tordalk.

S. 58-59 Vögel beobachten: 1. Kuckuck. 2. Pirol. 3. Eisvogel. 4. Waldohreulen. 5. Stockente. 6. Fischadler. 7. Schwarzspecht. 8. Amseln.

Register

Alpendohle 69
Alpenschneehuhn 68
Amsel 12, 14, 15, 18, 22, 46, 55, 59, 63
Atlantiksturmtaucher 31, 73
Austernfischer 35, 42, 43
Bachstelze 11, 70
Bartgeier 41, 68
Basstölpel 14, 31, 35
Bekassine 67
Bienenfresser 16, 40, 75
Birkhuhn 50, 69
Blässhuhn 14, 15, 22, 38, 71
Blaukehlchen 13
Blaumeise 16, 23, 27, 55
Brandgans 43, 73
Brandseeschwalbe 73
Buchfink 17, 55, 59
Buntspecht 14, 29, 47, 63
Distelfink → Stieglitz
Eichelhäher 17, 21, 47, 59, 67
Eiderente 43
Eissturmvogel 30
Eisvogel 17, 30, 31, 40, 51, 58
Elster 17, 22
Erlenzeisig 16, 33, 47
Fasan 15, 17, 55, 64
Feldsperling 28, 65
Felsenschwalbe 68
Felsentaube 15, 17, 22, 63
Fichtenkreuzschnabel 13
Fischadler 42, 58
Fitis 18
Gänsesäger 43
Gartenbaumläufer 29, 47
Gelbhaubenkakadu 75
Goldammer 55
Graugans 71
Graureiher 13, 15, 22, 34
Grauschnäpper 11, 47
Großer Brachvogel 15, 42, 73
Grünfink (Grünling) 23, 38
Grünspecht 17, 27, 40, 65
Halsbandsittich 63
Haubentaucher 30, 52
Haussperling 10, 15, 17, 26, 55, 63

Heringsmöwe 73
Höckerschwan 15, 22, 26, 38, 55, 57
Hohltaube 10
Kaiserpinguin 74
Kernbeißer 13, 67
Kiebitz 16, 65
Kleiber 23, 29, 38
Kohlmeise 18, 20, 44, 63
Kolkrabe 10, 20, 68
Kormoran 31
Kornweihe 50, 65
Krähenscharbe 35, 42
Kranich 10, 17, 32
Krauskopfpelikan 75
Kuckuck 54, 58
Küstenseeschwalbe 26, 33, 75
Lachmöwe 22, 34
Lerche 14
Löffelente 38
Löffler 42, 72
Mantelmöwe 35
Mauerläufer 29, 33, 69
Mauersegler 63
Mäusebussard 41
Mehlschwalbe 52, 63
Mönchsgeier 68
Mönchsgrasmücke 10, 33
Nachtigall 55
Neuntöter 55
Papageitaucher 12, 30, 35, 43
Pirol 38, 52, 59
Rabenkrähe 15, 17, 55, 62
Rauchschwalbe 10, 16, 28, 32, 33, 46, 56
Riesentukan 38, 75
Ringelgans 73
Ringeltaube 16, 17, 22
Rohrweihe 71
Rosaflamingo 10, 13, 17, 43, 74
Rothuhn 17, 28
Rotkehlchen 33, 50, 65
Rotschenkel 73
Säbelschnäbler 13, 42, 70
Sandregenpfeifer 73
Schellente 50
Schlangenadler 41

Schleiereule 64
Schwarzbrauenalbatros 75
Schwarzhalstaucher 10
Schwarzmilan 66
Schwarzspecht 52, 59, 67
Schwarzstorch 10, 67
Seidenreiher 15, 71
Silbermöwe 12, 13, 15, 30, 40, 42, 54
Singdrossel 46, 55
Spatz → Haussperling
Sperber 44, 66
Sperlingskauz 69
Spießente 38
Straßentaube 11
Star 18, 28, 55, 65
Steinadler 69
Steinkauz 40
Steinwälzer 34
Stelzenläufer 42, 52, 55, 72
Stieglitz 46, 54
Stockente 13, 15, 17, 50, 55, 58
Strandläufer 16
Strauß 75
Sturmschwalbe 28
Sumpfohreule 71
Tafelente 38
Teichralle 15
Teichrohrsänger 70
Tordalk 30
Trottellumme 30, 35, 55
Türkentaube 65
Turmfalke 27, 47, 55, 62
Waldkauz 17, 22, 40, 41, 55, 66
Waldohreule 45, 58
Waldschnepfe 63
Wanderfalke 13, 26, 41
Wasseramsel 30
Wasserralle 10
Weißkopfseeadler 75
Weißstorch 15, 52, 70
Wiedehopf 47
Wintergoldhähnchen 67
Zaunkönig 51, 58, 65

77

Stieglitzweibchen im Nest

Graugans

Küstenseeschwalbe

Riesentukan

Kaiserpinguin

Kranich